# 陪孩子玩到入园

## 0~1岁 亲子早教游戏

夏秀英 ◎ 著

中国妇女出版社

**图书在版编目（CIP）数据**

陪孩子玩到入园．0～1岁亲子早教游戏 / 夏秀英著
．-- 北京：中国妇女出版社，2019.3
ISBN 978-7-5127-1667-4

Ⅰ.①陪… Ⅱ.①夏… Ⅲ.①游戏课－学前教育－教
学参考资料 Ⅳ.①G613.7

中国版本图书馆CIP数据核字（2018）第270445号

**陪孩子玩到入园——0～1岁亲子早教游戏**

**作　　者**：夏秀英　著
**责任编辑**：魏　可
**责任印制**：王卫东
**出版发行**：中国妇女出版社
**地　　址**：北京市东城区史家胡同甲24号　　邮政编码：100010
**电　　话**：（010）65133160（发行部）　　65133161（邮购）
**网　　址**：www.womenbooks.cn
**法律顾问**：北京市道可特律师事务所
**经　　销**：各地新华书店
**印　　刷**：三河市祥达印刷包装有限公司
**开　　本**：170×235　1/16
**印　　张**：11
**字　　数**：180千字
**版　　次**：2019年3月第1版
**印　　次**：2019年3月第1次
**书　　号**：ISBN 978-7-5127-1667-4
**定　　价**：45.00元

# 目录 CONTENTS

## 第一章 情商早教游戏

## 第二章
# 智力早教游戏

第三章

# 运动能力早教游戏

# 第一章

# 情商早教游戏

情商又称为情感智力或情感智慧，包含道德品质、心理素质、艺术修养、兴趣爱好、社交能力、体质、体能等多种因素。良好的情商是指良好的道德情操、乐观幽默的品性、面对并克服困难的勇气、自我激励、持之以恒的韧性、同情和关心他人的善良、善于与人相处、把握自己和他人情感的能力等。

“情商”包含了：

（一）自我意识：一个人对自己的认识、评价和期望。

（二）自我激励：做事能保持满腔的热情和昂扬的斗志。

（三）驾驭自己的情绪：不论在任何情况下保持积极、乐观和自信，克服不良情绪。

（四）与人交往的能力：能与人友好相处，真诚合作，有良好的交往技能。

（五）自我管理：调控自己的情绪，使之适时适度地表现出来。

情商对儿童的身体生长发育、心理发展、个性的形成都起着重要的积极作用。

因此，情商教育是儿童教育的必修课。

# 0～3个月情商早教游戏

## 逗笑

**目的：**

1. 练习笑，学习控制发声器官。

2. 培养快乐的情绪。

**准备：**

宝宝觉醒，身体健康，情绪愉快。

**方法：**

1. 成人将宝宝抱坐在怀里或让宝宝仰卧在床上，用玩具或手指刺激宝宝的发痒部位，同时以丰富的表情逗引宝宝发声。

2. 成人要逗引宝宝手舞足蹈，使其全身运动起来。

**小贴士**

- 成人以自己快乐的笑来感染宝宝。
- 注意动作轻柔。

# 解读宝宝的哭声

## 目的：

培养亲子感情，促进宝宝良好个性的发展。

## 准备：

了解宝宝啼哭的表现与处理方法。

## 方法：

哭声是宝宝的语言，新生儿期的哭声大多是宝宝生理或心理的现象，有时也可能是疾病的征兆，只要你细心观察，就能学会“翻译”宝宝在哭声中表达的需要。

1. 哭声洪亮，短促有规律，并有吸吮动作——饥饿。
2. 哭声先短后长，两声之间间隔较长——大小便。
3. 突然大哭，先长后短——恐惧、害怕。
4. 哭声突然发出，节奏先长后短，剧烈持久，伴有呕吐——腹痛。

## 小贴士

- 注意密切观察，给予适当的处理，如遇情况严重，要迅速送入医院诊治。

# 4～6个月情商早教游戏

## 宝贝计划

**目的：**

让宝宝的生活有规律，促进宝宝的心理与身体健康发展。

**计划表**

| | 按时起床 | 乖乖刷牙 | 乖乖洗脸 | 吃早餐 | 玩游戏 | 吃午餐 | 吃水果 | 吃晚餐 | 睡觉 |
|---|---|---|---|---|---|---|---|---|---|
| 星期一 | | | | | | | | | |
| 星期二 | | | | | | | | | |
| 星期三 | | | | | | | | | |
| 星期四 | | | | | | | | | |
| 星期五 | | | | | | | | | |
| 星期六 | | | | | | | | | |
| 星期日 | | | | | | | | | |

## 准备：

制订良好、合理的生活安排计划。

## 方法：

**宝宝每日作息建议**

| | |
|---|---|
| 06：00～6：30 | 起床，换尿布，洗漱，喂奶 |
| 06：30～8：00 | 活动（视听训练、游戏、按摩操、户外活动） |
| 08：00～10：30 | 喂奶 |
| 10：30～12：00 | 活动（同前） |
| 12：00～14：00 | 睡觉 |
| 14：00～14：30 | 喂奶和维生素AD |
| 14：30～16：00 | 活动（同前） |
| 16：00～18：00 | 睡觉 |
| 18：00～18：30 | 喂奶 |
| 18：30～20：00 | 活动和洗漱 |
| 20：00～次日 | 早上睡觉（22：00、2：00各喂奶一次） |

## 小贴士

- 不要操之过急，慢慢引导。
- 实施过程中根据具体情况来调整。
- 母乳喂养的宝宝6个月后加辅食，辅食与喂奶间隔1小时，维生素AD与喂奶间隔10分钟。

# 户外活动和“三浴”锻炼

## 目的：

1.充分利用空气、阳光和水，增强宝宝对外界环境变化的适应能力。

2.培养宝宝开朗的性格。

## 准备：

1.天气晴朗，无风，气温适宜。

2.宝宝身体健康，情绪愉快。

## 方法：

1.户外活动

（1）初期可先在开窗的室内，待适应冷空气后再到户外。

（2）从首次两三分钟逐渐增加到半小时至一小时。每天1～2次。夏天，上午10点前，下午4点后；冬天，上午9点至下午4点前。

2.“三浴”活动

（1）空气浴

让宝宝大面积的皮肤外露，利用外界气温和体表温度之间的差异引起的刺激作用来锻炼身体。夏天可从每次两三分钟逐渐增至8～10分钟，冬天每天20～30分钟，每天1～2次。

（2）日光浴

夏天可戴小帽，在树荫下赤身晒太阳。可从每次3～5分钟，逐渐增至8～10分钟。春季可让四肢外露，冬季尽量让面部皮肤外露。

（3）水浴

水温以35℃～36℃为宜，用水冲洗四肢和躯干，水量不超越锁骨，取半卧位，每次浸浴5分钟为宜。

## 小贴士

- 户外活动宜相对固定时间，形成习惯。
- “三浴”锻炼顺序：空气浴–日光浴–水浴。待宝宝适应“三浴”后，方可同时进行，上午进行空气浴和日光浴，晚上睡前进行水浴。

# 碰碰头

## 目的：

1.培养宝宝快乐的情绪。

2.学习信任。

## 准备：

干净的地垫。

## 方法：

家长与宝宝面对面坐在地垫上，扶着他的腋下，用自己的额头轻轻地触及宝宝的额头，并亲切地呼唤他的名字，说“碰碰头”，重复几次后当你头稍向前倾时，他就会把头凑过来，并且非常高兴，这时你要说“宝宝真棒”。

### 小贴士

▸注意动作要慢。

# 荡飞船

## 目的：

1.培养宝宝的适应性。

2.锻炼宝宝的感知平衡。

## 准备：

1.宝宝情绪良好。

2.儿童用的小毛毯。

## 方法：

1.成人双手抱着俯卧的宝宝呈90度至180度来回摆动，边摆动边高声说："飞船飞喽！"

2.将宝宝放在毛毯上，两位成人双手各握住毛毯的四角，左右轻轻摆动。

## 小贴士

- 游戏中注意摆动的幅度要从小逐渐到大，使宝宝慢慢适应。
- 活动场地平坦、宽敞。

# 7～9个月情商早教游戏

## 学习“欢迎、再见”

### 目的：

1.培养情商，学习简单的交往技巧。

2.会做动作表示“欢迎”“再见”。

### 准备：

娃娃，毛绒玩具，节奏欢快的儿童歌曲。

### 方法：

1.家长用娃娃教宝宝学习拍手、招手。

2.播放音乐，家长伴随音乐握着宝宝的手有节奏地拍手、摇手。

3.家长拿着毛绒玩具，要求宝宝拍手“欢迎”后再抱玩具玩儿。

### 小贴士

- 日常生活中，注意引导宝宝与周围的人做“再见”“欢迎”的动作，表示友好。

# 打电话

## 目的：

学习简单的交流。

## 准备：

玩具电话。

## 方法：

1.准备一台玩具电话，让宝宝坐在家长的膝盖上。

2.把电话放在耳边，假装打电话："喂，是宝宝吗？"

3.把电话放到宝宝的耳边，说："喂，是妈妈吗？"

4.重复几次后，你可以用长句子和他"交谈"。但在谈话中，要使用宝宝能听懂的句子，如宝宝的名字、"爸爸"、"再见"等。

5.把电话放到宝宝的耳旁，看他是否懂得对着电话"讲话"。

# 找找在哪里

**目的：**

辨认物品。

**准备：**

娃娃、小鼓、皮球。

**方法：**

1.成人把宝宝喜爱的娃娃、小鼓、皮球等，分别放在桌子、椅子和床上。

2.让宝宝在成人的语言提示下找一找小玩具："娃娃在哪里？你能去找到它吗？"然后引导宝宝准确地找到娃娃，表扬宝宝"真棒"。

3.按照这种方式，依次让宝宝找出其他的玩具。

# 学习等待

**目的：**

初步学习等待。

**准备：**

几个玩具。

**方法：**

激发宝宝拿取玩具的欲望，家长有意借故离开片刻，再回来把玩具拿给宝宝。

# 区分表情

**目的：**

学会辨别表情。

**方法：**

家长要有意地训练宝宝想排泄时有声音或动作表示。如果宝宝发出声音，大人要马上把尿，并高兴地亲宝宝一下，宝宝从大人的表情看出大人喜欢这样做，下次发出的声音会更响亮。

平时也可以有意识地训练宝宝分辨表情。比如家中来客人，客人给宝宝一个小玩具，宝宝用眼睛看妈妈，如果妈妈表示同意，就点点头，鼓励宝宝伸手去拿；如果妈妈表示不同意，就摇摇头，或是出声制止，让宝宝理解妈妈的意思而不去拿。

# 拍打镜中人

**目的：**

激发宝宝对镜像的意识。

**准备：**

镜子和音乐。

**方法：**

1.把宝宝的手放在镜子上，让宝宝摸摸镜子，看到镜子里自己的手在动。

2.放一段音乐，让宝宝随着音乐舞动起来，然后，家长喊口令：“动动胳膊！”“动动头！”注意每个口令中间要隔一段时间。

# 分辨亲人的声音

## 目的：

促进宝宝与亲人建立安全型的依恋关系，培养良好的情绪。

## 准备：

小手帕1块。

## 方法：

1.家人围坐一圈，用小手帕蒙上宝宝的眼睛，请宝宝趴在中央。

2.家人分别呼唤宝宝的名字，请宝宝辨别是爸爸、妈妈还是爷爷、奶奶的声音，然后循声找到呼唤自己名字的家长。

小贴士

**克服分离焦虑**

- 首先，妈妈不要溺爱孩子，不要时刻都在孩子身边，妈妈应该和孩子之间保持适度的距离，同时给予宝宝独立探索的空间，多让孩子自己动手操作，积极培养孩子独立勇敢的个性品质，从而使小宝宝不过分依赖妈妈。
- 其次，家长要经常给予宝宝鼓励和肯定，多对宝宝说一些肯定的话语，如“宝宝真能干”“宝宝真棒”“宝宝真勇敢”等，通过这些话语的激励，增强他的自信心和独立做事的勇气。
- 积极培养宝宝与除妈妈之外看护人的关系，比如奶奶、姥姥、阿姨等，平常让宝宝多跟这些人交往，尤其是妈妈正式离开的前一段时间就积极培养宝宝与其他看护人的关系，这样即使妈妈离开，宝宝也会因为有他依赖、依靠的人，而不会产生过度的焦虑。相信通过一段时间的训练，宝宝一定会在大人的引导下，积极寻找自己生活中的乐趣，克服分离的焦虑。

# 接触小伙伴

## 目的：

学习简单的交际技巧，培养快乐的情绪，开阔眼界。

## 方法：

1.抱着宝宝到公园里看看小朋友玩的样子。

2.走近沙坑，问问小朋友可不可以让宝宝摸摸他们堆好的沙堡。

3.告诉小朋友宝宝的名字。

4.让宝宝多和大哥哥、大姐姐们相处，以弥补在家里只看见爸爸、妈妈的单调环境。

### 小贴士

- 带宝宝走出家门，让宝宝和别的宝宝接触，看一看或摸一摸别的宝宝。
- 让宝宝在别人面前表演一下他的新技能。或者让宝宝和其他同龄的小宝宝在铺有垫子的地上爬着互相追赶，或者推滚小皮球玩。
- 家长可以引导宝宝正确地表达感情。如果宝宝抓别人的脸或者抢别人的玩具时，要制止他。

# 10～12个月情商早教游戏

## “听”世界

### 目的：

让宝宝认识外面的世界。

### 方法：

在宝宝牙牙学语时，家长要经常带宝宝到大自然中去，让宝宝仔细观察事物，积累生活经验。告诉宝宝大树的叶子是什么样的，牵牛花为什么有这么多种颜色，哪个是小猴，哪个是大象、老虎、狮子……引导宝宝观察这些事物，以便让孩子留下具体印象。

此外，还可结合日常生活来做。将宝宝在生活中眼睛看到的东西，耳朵听到的声音，肌肤感到的冷、热等都说给宝宝听。比如，进餐时，告诉宝宝哪个是米饭，哪个是馒头、鸡蛋、蔬菜，这些有什么营养等；睡觉时，告诉宝宝哪个是棉被，哪个是枕头，为什么要养成早睡早起的好习惯等；在起床穿衣服时，要一边穿一边告诉宝宝哪个是上衣，哪个是鞋，哪个是袜子等；在洗衣服的时候，可以一边操作一边跟他聊：“这是爸爸的衬衫。”“这条红色长裤是谁的呀？”“好，我们现在把衣服放到洗衣机里去吧！”

## 懂得“不”

**目的：**

学习规则，增强对语言的理解能力。

**方法：**

对平常不许宝宝动的东西家长要坚决地说“不”，让他懂得“不”的意义。

此外，成人还可以通过自己的表情加动作来让孩子明白“不”的意思，如摇头、摆手也表示“不”等。通过成人的训练，宝宝就能知道什么是允许的，什么是不允许的，这样可以避免一些危险的事情发生。

## 小玩偶

**目的：**

培养孩子对外部世界的兴趣。

**准备：**

小布偶。

**方法：**

1.成人在自己的手指上套上小布偶，说故事给宝宝听。

2.一边左右摆动手指，一边说故事。

3.将手指往前弯曲作打招呼状，再向后倾斜，手指做有趣的动作，能逗得宝宝哈哈大笑！

## 延伸阅读

- 家长可以利用图画书让宝宝重复认识各种东西，让他学着把图书中的内容与生活中的事物联系起来。
- 家长也可用一些玩具来做活动，逗引宝宝与他人交往，比如用布娃娃玩过家家，让宝宝把布娃娃抱给爸爸等。宝宝在参与这样的活动中，会逐渐学习交往。
- 对宝宝来说，在屋外看到的任何东西都是很新奇的，所以家长应该充分利用每一次外出的机会，比方说出去买东西，家长可以带着宝宝一起去，让宝宝看看外面的风景、行人、商品等，这对宝宝来说会有很大的收获。

# 奶奶，请吃水果

**目的：**

教孩子懂得与人分享。

**准备：**

水果块，叉子。

**方法：**

1.让宝宝拿东西给家长吃，教宝宝与人分享。先给爷爷奶奶，再给爸爸妈妈，最后自己吃（知道自己要尊敬长辈）。

2.用叉子叉水果后拿给宝宝，并且跟宝宝说：“给奶奶，拿给奶奶吃。”

3.宝宝第一次懵懵懂懂不知道怎么做，请妈妈抓着宝宝的手，将水果递给奶奶吃。

4.大人应称赞说：“宝宝好乖，长大喽！”宝宝也会因为受到称赞而满心欢喜。经由这个游戏，宝宝将会懂得和别人分享。

## 画脸谱

**目的：**

培养宝宝认识表情。

**准备：**

用水彩笔分别画出“笑脸、哭脸、生气、悲伤”的表情脸谱。

**方法：**

1.家长分别挂上脸谱发出不同的声音。如挂上笑脸，就“哈哈”大笑，挂上哭脸就“呜呜”装哭。

2.家长引导宝宝一起玩儿，宝宝拿起脸谱，家长发出声音。

## 认识自己的名字

**目的：**

认识自己的名字

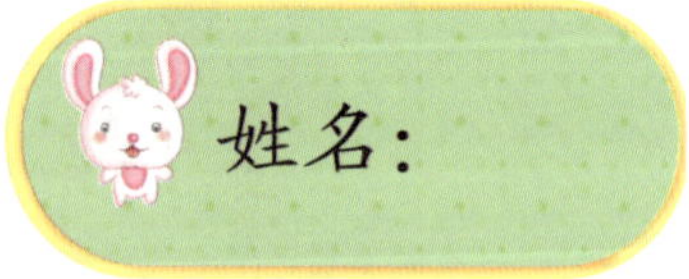

## 准备：

几张纸片。

## 方法：

1. 家长在纸片上写好宝宝的名字，贴在墙上。经常引导宝宝看“名字”，一边叫宝宝的名字。

2. 通过反复的训练，宝宝能建立起自己和名字之间的联系，当家长叫他的名字时，宝宝就能够知道爸爸妈妈在叫他。

## 延伸阅读

- 日常生活中，家长要善于夸奖和鼓励宝宝，比如给宝宝穿一件漂亮的衣服，就告诉宝宝：“宝宝真漂亮，妈妈好爱宝宝哟！”也可以在给宝宝洗完澡后，亲亲小宝宝的脸蛋告诉宝宝：“宝宝真香，我家的宝宝是个香宝宝。”通过这样的方式，宝宝总能觉得自己是“好”的，强化宝宝对自己的喜爱之情。
- 在给宝宝洗完小手、小脚后，摇摇宝宝的小手、小脚，告诉宝宝：“宝宝的小手真漂亮，小脚丫真漂亮。”从而让宝宝对自己的身体产生喜爱，有意识地爱护自己的身体。
- 在跟宝宝做游戏时、穿衣服时，或进行其他一些活动时，对宝宝的玩具、衣服等进行夸奖，培养宝宝对东西的爱护意识。

# 第二章

# 智力早教游戏

智育是指向受教育者传授知识、技能，发展其认知能力的教育。

儿童智育应当从出生就开始进行。现代科学研究表明，0~6岁阶段是智力发展的迅猛时期，认知能力在快速完善，所以在这个时期向儿童进行智力教育是很重要的。

智力是指人认识、理解客观事物，并运用知识、经验解决问题的能力，它是人在认识客观事物中形成的认识方面的稳定的心理特点的综合，而这种综合确保人们有效地进行认知活动。智力由如下几方面组成：感知观察力、注意力、记忆力、思维和语言表达能力、想象力、操作能力。

智力是在遗传素质的基础上，在环境教育的影响下，在实践活动中形成和发展的，智力的发展受个体意识倾向性即心理活动的动力体系包括兴趣、需要、动机、情感、意志的制约。因此，儿童在出生时虽有智力差异，但在后天的环境影响中是可以改变的。

# 0～3个月智力早教游戏

## 奇妙的声音

**目的：**

听觉训练，感知不同的声音。

**准备：**

手表、小闹钟、拨浪鼓、小喇叭。

**方法：**

1. 宝宝仰卧，成人在宝宝身旁轻声地吹小喇叭。

2. 在宝宝眼前轻摇拨浪鼓。

3. 将手表或小闹钟拿到宝宝耳边，让他听钟表走弦的声音，稍后变换位置和距离。听完声响，再拿到宝宝眼前，引导其注视和追视。

**小贴士**

- 注意让宝宝用两侧耳朵听声音，并不时变换远近距离。
- 不要让宝宝听闹铃的声音，以免破坏宝宝的听力。

# 视觉训练卡

## 目的：

1.视觉刺激，培养专注力。

2.训练用眼睛看物体。

## 准备：

1.色彩鲜艳的图片（一图一物）。

2.视觉训练图卡。

## 方法：

1.宝宝仰卧在床上，成人将图卡拿至宝宝头上方距离眼睛20厘米处，引导其注视。

2.将视觉训练图卡放在距宝宝眼睛20厘米处，引导宝宝随着图片移动追视观看。

## 小贴士

- 环境保持安静，无干扰。
- 每天坚持练习3～4次。

# 感官刺激

**目的：**

促进宝宝的大脑发育。

**准备：**

1.润肤露。

2.香油、醋、水果、护肤品各少许。

**方法：**

1.触觉刺激

每次宝宝沐浴后，成人用双手涂抹润肤露，充分抚摩宝宝全身的各个部位。

2.嗅觉刺激

将香油、醋、水果、护肤品分别放入容器中，拿给宝宝闻一闻。

## 小贴士

- 给宝宝的感官刺激不可过于强烈。
- 坚持每天练习一次，可适当更换物品。

# 4～6个月智力早教游戏

## 追视

### 目的：

1.练习追视，训练视觉的灵敏。

2.培养专注力。

### 准备：

直径约10厘米的红气球。

### 方法：

成人把气球拿至宝宝眼前，待其注视后，再从左至右、从上到下或呈环形缓缓移动，让他的视线追随移动的气球。

### 小贴士

- 可陆续增加图片、汉字卡。
- 练习中成人注意说出物体的名称。

# 追声寻源

## 目的：

训练听觉的辨别力和方位听觉。

## 准备：

手摇铃，八音盒，钟表，小杯和小勺，捏响玩具。

## 方法：

1. 成人先将各种发声物体在宝宝视线内弄响给他听，并逐一讲出名称。
2. 吸引宝宝注意，让宝宝追声寻源。
3. 当宝宝找到声源后，再变换不同的距离和方向。

## 小贴士

- 注意音量不可太大，以免损坏宝宝的听力。
- 每天坚持多次反复练习。

# 拿两个

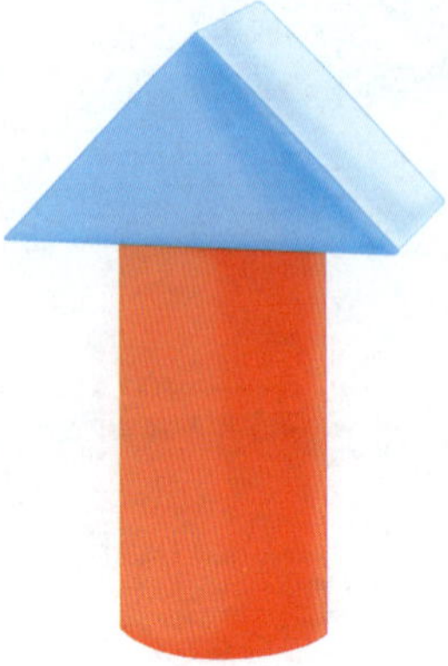

## 目的：

促进宝宝注意的分配能力。

## 准备：

积木、小球、布娃娃各2个。

## 方法：

1.成人拿出2块积木，敲击发出响声，吸引宝宝的注意。先拿给宝宝一块积木，再将另一块积木也拿到他面前，鼓励他拿取。

2.成人拿出小球，并把球来回滚动。引起宝宝的注意后，拿给他一个球，再把另一个球也放到他面前，让他看，同时鼓励他拿取。

3.成人拿出布娃娃，发出声响，待宝宝注意后，拿给宝宝让他抱在胸前，再拿出另一个布娃娃，举到宝宝面前，逗引他也抱起来。

## 小贴士

- 坚持每天练习。
- 练习中，注意周围不要有任何干扰，以免分散宝宝的注意力。
- 注意不断更换物品，以保持宝宝对活动的兴趣。

# 早期阅读

**目的：**

1.培养宝宝的阅读习惯。

2.培养宝宝的专注力。

**准备：**

画报或绘本。

**方法：**

1.成人抱着宝宝坐或让宝宝仰卧。

2.坚持阅读，每天做到：

固定时间：早上、晚上的阅读时间要固定。

固定读书的人：带宝宝读书的人要固定。

固定阅读的内容：画报或绘本。

固定阅读的地点（位置）：沙发或床上等，要固定。

3.注意阅读的技巧：

成人的语调、表情要有吸引力。声音不要太高，但要有抑扬顿挫。

### 小贴士

- 时间长短视宝宝的情况而定，如果宝宝愿意听，就多念一会儿，如果宝宝不听了，就停下来。
- 注意阅读环境的安静。
- 注意语速要缓慢。

## 模仿简单动作

### 目的：

促进观察力，学习模仿和记忆。

### 方法：

家长与宝宝面对面坐好，家长不断做各种动作，同时引导宝宝跟着做：

拍拍头，拍拍腿。

拍拍肚子，拍拍胸。

# 认识五官

**目的：**

引导宝宝认识人脸的五官，增进亲子交流。

**方法：**

妈妈拉着宝宝的手，先让宝宝摸妈妈的脸，一边说“这是妈妈的脸”“这是妈妈的鼻子”。再让宝宝摸自己的脸，一边说“这是宝宝的脸”，然后再引导宝宝摸妈妈的五官（鼻子、嘴、眼睛、耳朵）。

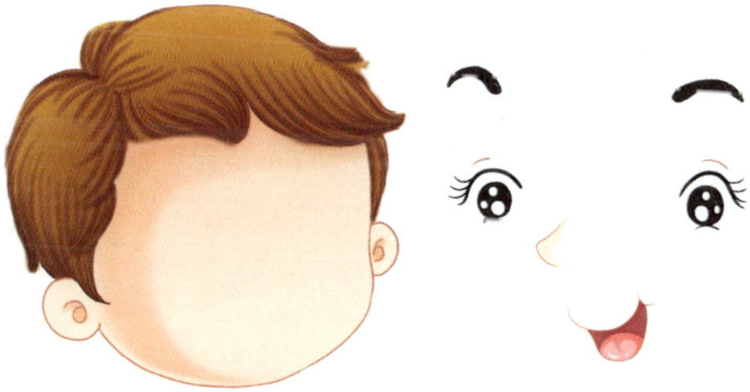

# 摆弄敲打

## 目的：

训练手眼协调，学习手脑并用，发展思维。

## 目的：

练习手的动作，促使手眼协调。

## 准备：

玩具若干。

## 方法：

1.摆弄：妈妈先递给宝宝右手一块积木，然后再递给宝宝右手另一块积木，教宝宝将右手拿的积木递给左手，再用右手拿妈妈给的另一块积木。宝宝两手都拿到积木后，妈妈也双手各拿一块积木，做放下、拿起的动作，让宝宝模仿。然后再教宝宝将两块积木靠近、分开，任意摆弄着玩。

2.敲打：妈妈先示范将两块积木对敲发出声响，让宝宝听后也模仿对敲的动作。再拿木棒敲打小鼓给宝宝看，随后握住宝宝的双手，教宝宝学敲打。学会后，让宝宝自己敲打小鼓。

3.摆晃：妈妈先拿着有声响的玩具摇晃给宝宝看，让宝宝听声音，然后让宝宝模仿摇晃。

# 7～9个月智力早教游戏

## 摸宝箱

### 目的：

激发宝宝的好奇心，让他能听懂较多的话，能听指令拿东西。

### 准备：

摸箱1个，宝宝熟悉的玩具4个～5个。

### 方法：

1.家长与宝宝同坐在地毯上。

2.家长边唱儿歌边从摸箱里拿出玩具："宝宝，宝宝，你快来看，什么东西要出现，小手伸进去，变出一辆小汽车。你看，变出了一辆小汽车。"

3.宝宝将手伸进箱里，拿出玩具，家长要告诉宝宝玩具的名称，并和宝宝玩一玩。

4.待玩具都拿出来后，家长说："把某某玩具藏起来。"请宝宝将玩具放回箱子里。没有摸箱的，也可用布口袋代替，或用毛巾蒙住玩具，让宝宝找找什么玩具不见了。

## 蒙在脸上的手绢

### 目的：

了解事物的恒常性，知道看不见的事物依然存在。

### 准备：

1条毛巾。

### 方法：

1.妈妈和宝宝面对面，然后说“哇”。

2.妈妈将蒙在脸上的毛巾拿下来，然后说“哇”。

3.妈妈把眼睛蒙上，接着打开说“哇”。

4.妈妈转头，然后转回来说“哇”。

5.妈妈藏起来，现身时说“哇”。

6.妈妈将脸蒙起来，从张开的手指缝中说“哇”。

7.妈妈用手蒙住宝宝的眼睛，接着拿开，然后说“哇”。

8.妈妈用毛巾遮住宝宝的脸，接着拿开，然后说“哇”。

# 藏猫猫

## 目的：

能辨别出妈妈和爸爸的声音，并通过声音找寻。

## 准备：

1条纱巾。

## 方法：

1.宝宝与爸爸面对面，妈妈躲在爸爸身后叫宝宝，爸爸抱着宝宝找妈妈。也可以在妈妈头上蒙一条纱巾，逗逗宝宝：“妈妈在哪儿呢？”

2.将纱巾蒙在宝宝头上，让宝宝自己将纱巾拉下来，成人发出声音“喵”。

# 纸箱游戏

**目的：**

辨别物体与位置。

**准备：**

四面贴上大的动物或水果图的纸箱。

**方法：**

1.让宝宝扶着箱子站立。

2.妈妈先教宝宝认识每个图的名称，然后问："苹果在哪儿？"让宝宝扶着箱子去找出苹果所在的位置。

**小贴士**

- 一开始时，宝宝可能不太明白，只要家长多训练几次，宝宝一定可以找到你所指的东西。

# 堆“金字塔”

**目的：**

帮助宝宝通过模仿动作，了解同样的物体可以有不同的使用方法。

**准备：**

3个大小不同的塑料杯子。

**方法：**

1.家长和宝宝一起坐在地板上或床上。

2.将最大的杯子口朝下放在床上，再将小一些的杯子倒放在它的上面，最后，把最小的杯子放在顶端，搭成金字塔状。

3.家长把这个“金字塔”推倒，再重新搭一个，并鼓励宝宝和家长一起做。

## 滚球

### 目的：

让宝宝在爬行中体会物体的大小与距离的关系。帮助宝宝知道，球并不会因为滚远而变小。

### 准备：

1个球。

### 方法：

1.家长和宝宝坐在床上或地板上，拿1个球让宝宝自己玩一会儿。

2.妈妈把球拿过来，随意地左右来回滚动，对宝宝说："啊！球滚走了，去拿回来。"或者妈妈把球拿在手中，当着宝宝的面前后滚动。

# 小小“指挥家”

**目的：**

训练宝宝的节奏感，理解动作与乐曲的关系。

**准备：**

选择一首节奏鲜明、有强弱变化的乐曲。

**方法：**

1.妈妈抱宝宝坐着，从背后握住宝宝的前臂，说：“宝宝，我们一起来指挥！”

2.合着乐曲的节奏打拍子，并根据乐曲的强弱变化动作幅度。

# 摸摸看

## 目的：

让宝宝感受各种不同的触觉，发展认知能力。

## 准备：

一些不同触觉的东西，如软的、硬的、有棱角的。

## 方法：

1.妈妈抱宝宝坐着，拿出硬的东西，如积木等，对宝宝说：“积木好硬啊！宝宝摸摸看。”

2.拿出软的东西，如枕头等，对宝宝说：“枕头好软呀！”然后拍拍枕头对宝宝说：“来，拍拍看。”

3.拿出有棱角的东西，如盒子，对宝宝说：“这盒子有角，宝宝摸摸看！”

# 发出声音的器皿

**目的：**

激发宝宝的听觉。

**准备：**

带盖子的宽口器皿1个，米粒、豆子各若干。

**方法：**

1.在器皿中放入米粒、豆子，并将盖子盖好。

2.家长摇晃器皿。

3.让宝宝也试着摇晃看。

## 小贴士

- 放入的东西不同，发出的声音与感觉也不同。
- 器皿所发出的声音会刺激宝宝的听觉，也会引发他们的好奇心。

# 动物面具

## 目的：

脑力开发。

## 准备：

硬纸板、动物图画、胶水、剪刀、橡皮。

## 方法：

1.在硬纸板上贴一张动物图画，做成动物面具。

2.家长戴上贴有小狗图案的面具，并发出小狗的叫声。

3.家长戴上小牛面具，并发出“哞！哞”的声音，模仿牛的叫声和动作。

4.宝宝对面具所发出的声音感到很新奇，会摸摸面具，并且呵呵笑。

## 小贴士

▸ 宝宝能够借由动物面具及家长的模仿，学习动物的叫声。

# 摇摇杯子

**目的：**

培养宝宝对声音的敏感。

**准备：**

杯子、汤匙各1个，签字笔1支，筷子1根。

**方法：**

1.将汤匙、筷子、签字笔放到杯子里。

2.摇摇杯子，碰撞的声音会引起宝宝的注意。

3.让宝宝也摇摇看。

4.放入其他棍棒状的物品，再让宝宝摇摇看。

# 勺子瀑布

## 目的：

培养宝宝对水的认知。

## 准备：

1个大勺子。

## 方法：

1. 洗澡时，成人用勺子盛水从宝宝的头部旁边倒下去。
2. 成人一边说：“天空倒水下来喽！”一边让宝宝用手碰流下来的水。
3. 下一次从宝宝的肩膀处倒水。

# 小镜子

## 目的：

培养宝宝对自我的认知。

## 准备：

1面小镜子。

## 方法：

1.让宝宝抓着小镜子，问宝宝："镜子里的宝宝是谁啊？"

2.对宝宝说："镜子里的宝宝和我的宝宝简直一模一样啊！"

## 小贴士

- 注意不要让宝宝把镜子放进嘴里。

# 做布书

## 目的：

认识图形和颜色。

## 准备：

几块和书本大小一样的布，彩笔。

## 方法：

1. 用彩笔在布上画画，也可以画童话故事里的图画。
2. 全部都画上图画，布就变成了图画书。
3. 给宝宝讲图画中的故事。

## 小贴士

- 和纸不同的是，布的图画书可以卷成一卷。
- 布的图画书不但易于携带，而且可以保存很久，留下美好的回忆。

# 10～12个月智力早教游戏

## 认识“1”

**目的：**

理解语言，发展新的概念。

**准备：**

几块饼干。

**方法：**

1.给宝宝吃饼干时，成人有意识地只拿1块。

2.成人竖起食指说：“宝宝，这是1块饼干。”

3.让宝宝模仿竖起食指表示要“1”块后，再把食物给宝宝，并加以表扬。

### 小贴士

- 凡是给宝宝食物时，都可以先对宝宝竖起食指表示“1个苹果”“1块蛋糕”“1杯牛奶”。还可以问宝宝：“宝宝，你几岁啦？”教宝宝竖起食指表示自己“1岁”。

# 模仿小动物叫

**目的：**

练习模仿发音，发展语言能力和记忆力。

**准备：**

小鸡、小鸭、小狗、小羊、小猫等动物的图片。

**方法：**

给宝宝讲一个“唱歌比赛”的故事：“有一天，小鸡、小鸭、小狗、小羊、小猫等在比赛唱歌。小鸡先唱‘叽叽叽、叽叽叽’，小鸭接着唱‘嘎嘎嘎、嘎嘎嘎’，小狗抢着唱‘汪汪汪、汪汪汪’，小羊慢慢唱‘咩咩咩’，小猫最后唱‘喵喵喵’，大家唱得好听极了。”妈妈每学一种小动物叫，就出示相应的动物图片给宝宝看，反复多次后，再问宝宝：“某某怎么叫？”请宝宝模仿动物的叫声。

# 拉毯取物

## 目的：

发展思维，锻炼自己想办法，开发智力。

## 准备：

1块小毯子或毛巾，几件玩具。

## 方法：

1.成人和宝宝一起坐在床上或地板上。

2.在宝宝的手可以触摸到的地方，放1块小毯子或毛巾。

3.在毯子上（宝宝伸手够不着的地方）放1件宝宝喜欢的玩具。

4.成人先示范拉动毯子拿到玩具，然后引导宝宝自己去拉毯子取玩具。

## 小贴士

- 如果宝宝暂时还不会拉动毯子，成人可以将毯子拉过来，让宝宝拿到玩具。成人可以一边拉毯子，一边对宝宝说：“看！把毯子拉过来，就能拿到玩具。”

# 盖盖子

**目的：**

培养宝宝的观察能力和模仿能力，发展手眼协调能力。

**准备：**

1个有盖子的奶粉罐或茶叶筒。

**方法：**

1.成人陪宝宝坐在床上或地板上，给宝宝奶粉罐或茶叶筒。成人说：“咦，盖子能打开！看看里面有什么？什么也没有，再把盖子盖上吧！”

2.成人重复示范几次把盖子打开再盖上的动作。

3.让宝宝自己试试看，直到宝宝也能打开、盖上盖子为止。

# 听名称指物

**目的：**

学习抽象概念，发展思维。

**准备：**

宝宝认识的物品或图片。

**方法：**

1.将所有的东西摆放在宝宝面前，成人引导宝宝逐一拿到手边，同时讲出名称。

2.成人引导宝宝按成人说的名称拿取物品或图片。动作准确时，成人立即亲吻，以示肯定、赞扬。

# 认识身体部位

## 目的：

认识身体各部位，知道头、手、脚的基本位置。

## 方法：

1.父母可以随时随地教宝宝认识身体各部位的名称，例如每天给宝宝洗脸时，告诉宝宝正在给他洗脸，让他记住自己的小脸。给宝宝洗脚、洗手的时候，分别告诉宝宝身体各部位的名称。

2.结合宝宝的排泄规律来认识身体的特殊部位和身体的代谢产生，如宝宝擦鼻涕时，告诉宝宝“要用手纸擦鼻子，把鼻涕擦干净了才漂亮”。在宝宝大小便后，引导宝宝认识自己的排泄器官和排泄物，引导他排泄时应该注意卫生，在特定的场所(卫生间)进行排泄，不能随地排泄等。

3.通过做体操，来让宝宝认识自己的四肢或躯干，如踢踢腿、弯弯腰等。

4.通过一些游戏来训练宝宝认识自己的身体部位，如叫孩子起床时，可以边说儿歌边拍宝宝起床：

太阳公公眯眯笑，
我的宝宝快起床。
睁开吧，眼睛，
醒来吧，鼻子，

张开吧，嘴巴，

抬起来，胳膊，

伸直吧，小腿。

## 小贴士

- 可以随意更换顺序，说到哪里，摸到哪里。通过这样的游戏，一般到2岁前，宝宝能够对自己身体的各个部位有一个比较清楚地认识了。

# 吹喇叭

**目的：**

练习吹气动作，引起愉悦的情绪。

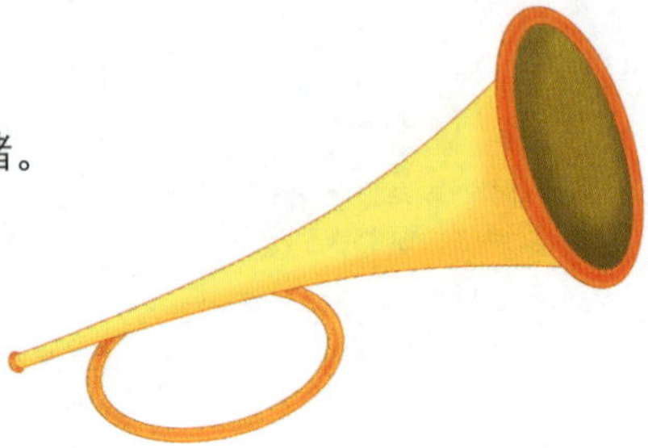

**准备：**

1个小喇叭。

**方法：**

成人先吹给宝宝听，然后让宝宝自己来吹。开始宝宝会胡乱地吹，这时成人要耐心地教宝宝往外吹气的动作。

**小贴士**

- 喇叭的嘴要短，不会插到喉咙。

# 妈妈在哪里

**目的：**

帮助宝宝理解语言，发展认知能力。

**方法：**

家长都在一起的时候，试着问宝宝：“爸爸在哪里？”“妈妈在哪里？”虽然宝宝还不会说话，但只要宝宝会把脸转向相应的方向并用手指出，大家就应高兴地称赞宝宝：“对！爸爸在那里，宝宝真聪明！”

## 放进去，拿出来

### 目的：

帮助宝宝了解东西可以放进去，也可以被取出来。给宝宝练习手指肌肉的机会。

### 准备：

1个空盒子，几个小玩具。

### 方法：

1.成人和宝宝坐在一起，当着宝宝的面一边把小玩具放进盒子里，一边说：“来，让我们把这个盒子装满吧！”

2.把盒子里的东西取出来，说：“看，现在盒子空了。”

3.重复上述动作，让宝宝一起参与游戏。

# 打开纸包

## 目的：

帮助宝宝了解不见的东西也可以找到。引导宝宝使用各种办法去找东西。

## 准备：

1张纸，几个小玩具。

## 方法：

1.成人和宝宝坐在床上或地板上，当着宝宝的面，用一张纸把宝宝喜爱的玩具包起来，并把纸包递给宝宝，然后对宝宝说："来，把纸包打开看看。"

2.游戏反复进行，直到宝宝会自己打开纸包为止。

# 涂涂抹抹

## 目的：

发展手指的灵活性，培养宝宝对色彩、涂画的兴趣。

## 准备：

油画棒或蜡笔，几张纸。

## 方法：

1. 让宝宝坐在小桌子前，成人先用油画棒或蜡笔在纸上慢慢画出一个娃娃脸或小动物，再涂上各种颜色，激起宝宝的兴趣。

2. 把油画棒递给宝宝，教宝宝用整个手掌握笔，并扶住宝宝的手在纸上作画。

# 玩沙子

**目的：**

丰富感性经验，发展观察力、动手能力和认知能力。

**准备：**

小桶、小铲等玩具。

**方法：**

找一处干净的沙堆，或用大木盆盛上沙子。脱掉宝宝的鞋子，让宝宝尽情地在沙子里玩耍。

## 小贴士

- 家长要经常带孩子外出到公园或亲友家里，把看到的事物讲给孩子听，并和周围的人对话、交流。随着接触面的扩大，宝宝听到和感受到的内容也在不断增多，促进了语言发展，也增强了孩子的交往能力。
- 平常多带宝宝到户外和小朋友们一起玩耍，让他在玩耍的过程中，逐渐意识到自己与别人的不同，如服饰不同、玩具不同、性别不同等，从而帮助宝宝在了解其他小朋友的基础上了解自己。
- 让宝宝和其他小朋友互相学习，准备一些玩具，让宝宝和其他小朋友玩，让他们互相学习，看看其他小朋友都是怎样做的。

# 套玩具

**目的：**

认识大小。

**准备：**

几个大小不同的杯子或碗。

**方法：**

让孩子用这些物品练习一个套一个。在玩之前，家长可以先向孩子展示一下是怎样套进去的，然后让他试着做。

**小贴士**

- 理想的玩具是木质的（普通的也行），大小不同，能一个个地套起来。可利用其他废旧物，也能产生同样的效果。

# 颠倒玩具

**目的：**

认识上下顺序。

**准备：**

孩子喜欢的玩具。

**方法：**

1.将玩具拿出来，正着摆放在桌上，让宝宝看。

2.家长当着宝宝的面，将玩具倒过来，再让他看。

3.让宝宝自己试着把玩具放倒或摆正。

**小贴士**

- 让宝宝逐渐在放倒或摆正玩具的过程中领会物体是相同的，变换位置时，只是方向变了，物体还是原来的。

# 种花

## 目的：

认识植物。

## 准备：

一个装有沙子的浅口容器，一根直径2.5厘米、长5厘米的圆柱形木棍。

## 方法：

1.家长和孩子面对面坐，家长先在容器中挖一个直径2.5厘米～3厘米的沙坑。

2.扶着孩子的手在沙坑壁上拍一拍。

3.家长示范将木棍插进坑内，然后将木棍取出来。

4.鼓励孩子模仿，将木棍插进坑中，和孩子一起用双手为“小花”培培土。

## 小贴士

- 如果家里有一些盆栽花，那么开始栽花的时候，家长就可以把孩子抱过来，让孩子看看大人是怎样给花翻土、浇水的。也可以让宝宝动手，让宝宝扶着花盆里的花草，不让它们倒下，或是让他们堆一堆、拍一拍花盆里的土，可以手把着孩子的手，给花浇水。等花草种好后，要经常带宝宝给花浇水，引导宝宝观察小花有没有开花，有没有长高等。

# 踩影子

## 目的：

感知自然，培养观察的兴趣。

## 方法：

在阳光明媚的天气里，把宝宝带到户外，吸引他对影子的兴趣。和宝宝一起玩踩影子的游戏。可以踩自己的影子，也可以边唱儿歌边踩爸爸、妈妈的影子。

我到哪儿你到哪儿，
你这可爱的小尾巴。
我到哪儿你到哪儿，
唉，叫我拿你没办法！

## 小贴士

▸ 注意在玩此游戏时，大人不要跑得太快，玩的时间也不能太长，10分钟即可，以免引起孩子的疲劳。

# 认识红色

**目的：**

发展思维，认识颜色，培养观察能力。

**准备：**

多种颜色的积木块、瓶盖、玩具。

**方法：**

1.家长拿一块红色的积木，反复告诉宝宝“红色的积木”，然后把积木放入一堆物品中，要求宝宝拿出“红色的积木”。

2.将所有的物品放在宝宝面前，引导宝宝取出所有“红色”的物品。

3.引导宝宝四处寻找红色的物品，如服装、食物、用品、装饰等。

# 搭积木

## 目的：

训练手眼协调，培养空间知觉。

## 准备：

瓶盖、可乐罐、积木各2个。

## 方法：

1.家长指导宝宝搭可乐罐，告诉他“一个摞一个，注意和下面的对齐”。

2.家长搭第一个瓶盖和一块积木，鼓励宝宝搭第二个瓶盖和第二块积木。

3.家长引导宝宝自己搭。

# 区别1、2、3

**目的：**

发展注意力、记忆力，形成简单的数概念。

**准备：**

3个纸包，各包1块糖、2块糖、3块糖。

**方法：**

1.家长将三个纸包逐一打开让宝宝看，同时引导宝宝数一数各有几块糖。

2.反复引导宝宝识认糖的数量。

# 玩套环

**目的：**

数的启蒙，训练手眼的协调。

**准备：**

套环玩具。

**方法：**

1.家长示范将套环一个个套到轴上，再一个个取下来。同时数数：“1、2、3……”

2.指导宝宝练习套套环。

# 玩拼板

**目的：**

认识简单的图形，训练手眼协调。

**准备：**

用纸板做成拼板，在上面分别剪出3个圆形、正方形、三角形。

**方法：**

1. 将3个图形的名称逐一反复告诉宝宝。
2. 指导宝宝按家长说出的图形名称把3个图形分别放入纸板。

# 转动的球

**目的：**

训练手眼协调。

**准备：**

1个碗和1个球。

**方法：**

将球放入碗里，转动碗，让宝宝抓转动的球。

# 敲打牛奶盒

**目的：**

发展宝宝的听觉。

**准备：**

洗净的牛奶盒、珠子、玩具槌。

**方法：**

1.在牛奶盒里放入约半盒珠子。

2.让宝宝用玩具槌敲打牛奶盒。

3.盒子里发出珠子撞击的声音，刺激宝宝的听觉。

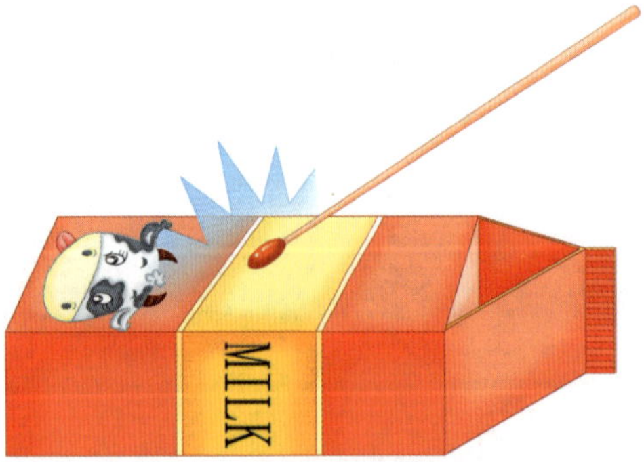

# 敲鼓

**目的：**

培养对声音的敏感性。

**准备：**

奶粉罐、筷子。

**方法：**

1. 将奶粉罐横放在宝宝面前，让宝宝手握1根筷子。
2. 让宝宝的双手分别拿着一根筷子，往奶粉罐的两边敲打。
3. 两边发出的声音若不一样，宝宝会觉得更有趣。
4. 做两个“鼓”，妈妈可以和宝宝一起合奏。

# 盖盖子

## 目的：

训练手眼协调。

## 准备：

几口有盖子的锅。

## 方法：

1.让宝宝随意地玩锅。

2.引导宝宝打开盖子后又盖起来，找到合适的锅盖。

## 小贴士

- 如果宝宝找对盖子，请鼓掌给予鼓励。
- 盖上锅盖后所发出的声音，也可以刺激宝宝的听力。

# 魔术箱

**目的：**

认知事物。

**准备：**

1个箱子、几条围巾、若干毛线。

**方法：**

1.在箱子上，钻1个拳头大小的洞。

2.将多条围巾束在一起，放入箱中，也可以放入毛线。

3.让宝宝将手伸进箱子里，抽出围巾或毛线。

**小贴士**

- 一直抽都不断有东西出来，宝宝会觉得很神奇。
- “从未知的箱子里能抽出什么呢？”此种趣味能给予宝宝的头脑小小的刺激。

# 玩具钢琴

**目的：**

培养宝宝对声音的认知。

**准备：**

玩具钢琴。

**方法：**

1.让宝宝坐在妈妈的腿上，然后一起敲打键盘。

2.从高音开始弹，再弹到低音。

3.妈妈一边弹奏，一边告诉宝宝音阶。

4.重复弹几次相同的音阶，让宝宝熟悉。

5.用键盘弹简单的儿歌，并边弹边唱。

# 蛋娃娃

**目的：**

认知颜色和物体。

**准备：**

蛋壳、彩笔。

**方法：**

1. 在鸡蛋上钻个洞，把蛋清和蛋黄清空，小心别让蛋壳破掉。
2. 让宝宝用指甲在蛋壳上敲敲看。
3. 在蛋壳里装上沙子或米，让蛋娃娃能直立起来。
4. 在蛋壳上用彩笔画上装饰。

第三章

# 运动能力早教游戏

儿童的动作和运动能力的发展在心理发展上具有重大意义。运动不仅能促进儿童的骨骼、肌肉、神经系统以及身体各系统器官的生长发育，也能促进心理发育，提高智力水平。

运动使血液循环畅通，给大脑带来更多的氧气与营养物质。

运动可以促进儿童的认知能力，开阔视野，促进空间知觉和思维发展。

通过肢体的运动，儿童可以认识自己的力量。

运动可以增强儿童的体质，提高儿童对疾病的防御能力，改善中枢神经系统的功能，并促进智力发展及培养良好的个性。

儿童持之以恒地进行体能锻炼是极其重要的。心理学家认为，在儿童的智能发展中，运动发展占主导地位。因此，儿童运动的能力常被作为测量智力发展的主要指标。

# 0～3个月运动能力早教游戏

## 晒鱼

**目的：**

1. 学习翻身，训练宝宝身体的灵活性。

2. 促进身体动作的协调。

**准备：**

色彩鲜艳的玩具。

**方法：**

1. 宝宝仰卧，成人用枕头顶住宝宝背部的一侧，使宝宝侧卧，玩一会儿玩具。

2. 成人辅助宝宝从侧卧到俯卧，拿取玩具。

**小贴士**

- 成人要认真看护宝宝，以防跌落床下或压伤手腕。
- 坚持每天多次重复练习。

# 亲子按摩操

## 目的：

1. 刺激触觉，促进生长。

2. 传递亲子感情。

## 准备：

轻松、舒缓的轻音乐。

## 方法：

选择宝宝清醒和洗浴后的时间，室内温度在25℃，成人将宝宝放置仰卧姿势，一边播放音乐，一边轻轻地按摩宝宝的脸部、四肢、腹部、背部、手脚等。

## 小贴士

- 每天坚持1次～2次，每次3～5分钟。
- 成人注意剪短指甲，洗手，摘下手上的饰物（戒指、手表）。
- 注意表情和语调。

# 手指被动操

## 目的：

1. 训练小肌肉运动，促进手的灵活。

2. 刺激触觉末端神经，发展感知觉。

3. 发展智力。

## 准备：

优美舒缓的音乐。

## 方法：

成人让宝宝仰卧，成人随音乐节拍轻揉宝宝手的各个部位。

1. 握住宝宝的一只手，轻揉手背和手掌心，然后握另一只手。

2. 握住宝宝的一只手，轻揉指尖到指根，然后换另一只手。

3. 握住宝宝的一只手，轻轻帮助手指屈伸，然后换另一只手。

4. 握住宝宝的一只手，轻轻捏揉每个手指尖，然后换另一只手。

5. 握住宝宝的双手腕部轻轻转动。

### 小贴士

- 动作注意轻柔。
- 练习的程度要逐渐加强，给宝宝适应的时间。

# 抬头望月

## 目的：

1.练习抬头，加强背部、颈部运动。

2.开阔视野，激发求知欲。

## 准备：

小毛毯。

## 方法：

1.让宝宝俯卧在成人胸腹部，用小毛毯盖在宝宝身上。

2.轻轻抚摩宝宝的颈、背部，并轻呼宝宝的名字，吸引他抬头。

### 小贴士

- 每天4次，每次不超过5分钟。
- 坚持每天给予更多的搂抱和亲吻。
- 室温不能低于25℃。
- 每次俯卧时，成人要看护宝宝。

# 4~6个月运动能力早教游戏

## 扶站

### 目的：

1.练习宝宝下肢的运动。

2.培养活泼开朗的性格。

### 方法：

1.成人扶着宝宝的腋下，让宝宝双脚站在小床上或椅子上。

2.成人与宝宝面对面站着，与宝宝说话、逗笑。

### 小贴士

- 初期练习时，要给宝宝穿薄袜子。
- 练习时间先由半分钟左右开始，然后逐渐延长站立时间。

# 蹬物练习

## 目的：

1.训练宝宝的大肌肉运动能力。

2.培养快乐的情绪。

3.增强下肢力量。

## 准备：

布单或薄毛巾被、脚铃。

## 方法：

1.宝宝仰卧在床上，成人把布单或毛巾被盖在宝宝身上，引导宝宝手脚蹬踹，再反复给宝宝盖上。

2.把脚铃套在宝宝的脚腕，吸引宝宝有兴趣地踢脚。

# 宝宝健身操

## 目的：

促进宝宝的全身运动，发展大肌肉。

## 方法：

第一节“倾斜抱起运动”：成人直立抱起宝宝，然后两侧轮换着倾斜45度。

第二节“侧身抱起运动”：让宝宝侧身躺着，平着抱起先向左下倾斜，再换成对侧倾斜，两侧都要运动。

第三节“坐姿运动”：先做几次拉起运动之后，再保持几秒钟的坐姿。如果宝宝能支撑背部，可以练习独坐几分钟。

第四节“高举运动”（最好父亲做）：成人仰卧，双手握住宝宝两手，脚掌顶住宝宝的胸腹部，高高举起。

### 小贴士

- 注意活动安全。

# 扶跳

## 目的：

1. 练习全身运动。

2. 培养开朗的性格。

## 准备：

一首短的儿歌或2/4节拍的儿童歌曲。

## 方法：

1. 成人双手扶着宝宝腋下，让他站在桌子上跳跃，边跳边说："跳跳。"

2. 播放儿歌或歌曲，根据节奏扶着宝宝跳。

### 小贴士

- 活动时间3分钟左右，不要过度运动。
- 托举的动作不可太高，只要宝宝的脚离开桌面即可。

# 头竖直

## 目的：

1.练习头部竖直。

2.促进头部控制能力。

## 准备：

环境安静，宝宝的情绪快乐。

## 方法：

成人竖抱宝宝（面朝外），在室内散步或认知物品。

## 小贴士

- 竖直抱宝宝时，要保护宝宝的颈部。

# 毛毛虫

## 目的：

1. 练习抵足爬，促进身体的灵活。

2. 增强适应性。

## 小贴士

- 注意空腹时训练。
- 时间不宜过长，以免宝宝疲劳。
- 活动距离1米左右。

## 方法：

宝宝俯卧，成人用手抵住宝宝的双脚底，等待宝宝蹬腿向前移动身体。

# 7～9个月运动能力早教游戏

## 做元宵

### 目的：

感受亲子游戏的快乐，提高平衡能力。

### 准备：

结实的大床单。

### 方法：

1. 成人用手抓紧床单的四角，宝宝躺在上面。

2. 成人伴随儿歌前后上下轻轻抖动床单，让宝宝感受体位变化带来的游戏快乐。

儿歌

大床单，左右摇。床单里，躺宝宝。

摇啊摇，摇元宵。呼噜噜，睡着了。

# 跷跷板

## 目的：

提高全身大肌肉运动的协调配合，锻炼腹部力量。

## 方法：

1.亲子面对面坐在厚垫子上，成人将两腿分开呈45度角，宝宝两腿并拢，尽量离成人近些，拉住成人的双手。

2.成人注意握住孩子的双手手腕，以免拉伤。

3.坐好后一边说儿歌一边开始游戏，一人躺下，另一人坐起来，循环往复。

### 儿歌

跷跷板，两头翘。一边低来一边高。

起来躺下手拉手，就像划船用力摇。

## 小贴士

- 初次游戏时，家长拉动孩子起来，当孩子基本掌握动作要领后，鼓励孩子自己用力拉家长，家长有意识地减弱拉力，使孩子得到锻炼。另外，在游戏过程中，家长切莫用力过度，以免伤及孩子的身体。如果家长的腹部肌肉力量过小，可增加后背垫子的高度，降低运动难度。

## 不倒翁

**目的：**

训练宝宝的大动作，培养宝宝的平衡能力和节奏感。

**方法：**

1. 让宝宝坐在床上，放一段宝宝爱听的、节奏明快的音乐。
2. 成人用手扶着宝宝的两只胳膊，左右摆动身体。
3. 重复多次后，逐渐让宝宝自己随着音乐左右摆动。

## 打招呼

**目的：**

训练宝宝的站立动作与平衡能力。

**方法：**

让宝宝扶着妈妈的手，爸爸躲在妈妈身后叫宝宝的名字，引起宝宝注意时，再一下子站起来。

# 爬行取球

**目的：**

锻炼宝宝眼、手、脚的协调能力，促进全身肌肉活动。

**准备：**

一个球或其他玩具。

**方法：**

1.让宝宝俯卧在床上或桌上，在宝宝前面放一个球或其他玩具，吸引宝宝向前爬行。

2.在宝宝跃跃欲试移动身体时，鼓励宝宝："小球在前面，爬过去拿小球。"

3.同时成人用手掌顶住宝宝的脚掌，用力向前交替推动，使宝宝的脚借着推力蹬着向前移动身体，爬去取球。

4.经过反复练习，宝宝就能独立爬行了。

# 爬上爬下

## 目的：

帮助宝宝练习爬行动作，发展腰腹及四肢力量。

## 准备：

枕头、靠垫或棉被。

## 方法：

用枕头、靠垫或棉被当障碍物与斜坡，让宝宝爬上爬下。

### 小贴士

- 注意一开始“坡度”不要太陡。成人还可以躺着，用玩具吸引宝宝爬过自己的身体。

## 爬行追逐

### 目的：

帮助宝宝练习快速爬行，发展腰腹及四肢力量。

### 方法：

当宝宝的爬行动作熟练了以后，成人就可以跟宝宝玩爬行追逐游戏了。可以成人在前面爬，让宝宝在后面追。

# 爬行探险

## 目的：

对空间和方位的感知。

## 准备：

若干小玩具，大纸箱，绳子。

## 方法：

1.在房间内用桌子、大纸箱等，设置种种障碍，并且在“沿途”放一些小玩具并穿上小绳，吸引宝宝寻找，激发他爬行的乐趣。

2.游戏开始，成人和宝宝一起爬着玩。从这个房间爬到另一个房间，然后钻过桌子和大纸箱，再把小件物品找到，挂在宝宝或者是成人的脖子上，继续爬行。

3.如果宝宝此时对脖子上的玩具有了兴趣，成人可以在前面出示其他玩具，逗引宝宝爬行。直到爬完设置的路线。

### 小贴士

- 在进行此游戏时，一定要把“沿途”的地面收拾干净，以免一些细小物品扎伤宝宝和成人的手。游戏后一定要给宝宝洗手，换衣服。

# 摇啊摇

**目的：**

刺激孩子的本体感觉，发展其平衡能力。

**准备：**

大瑜伽球1个。

**方法：**

让孩子趴在大瑜伽球上，家长扶住孩子的身体摇晃，前后左右滚动球。

**小贴士**

- 可以放一些音乐，跟着节奏做动作。

## 倒踢球

### 目的：

强化前庭觉和中枢脊髓神经。

### 准备：

栏杆床，气球。

### 方法：

将气球拴在床的栏杆上，让宝宝仰卧。家长逗引宝宝抬高脚去踢气球，可连续踢20～40次。

# 刺球按摩

## 目的：

练习平衡，培养宝宝的勇敢精神。

## 准备：

直径60厘米～80厘米的大刺球。

## 方法：

宝宝趴在大刺球上，家长双手握住宝宝的身体，向前、向后自然拉宝宝，边推拉边说儿歌：

小宝宝，真勇敢，大刺球，当小船。

摇呀摇，摇呀摇，小船儿，到岸了。

## 小贴士

- 当宝宝刚开始玩时，家长可以和宝宝推大球，使之对大球产生兴趣。
- 当宝宝玩熟以后，家长可鼓励宝宝趴在大球上或躺在大球上。
- 家长要注意宝宝的安全，要在宝宝愿意尝试的情况下进行，切勿强迫。
- 有类似的物品如转椅、大毛线玩具也可使用。

# 爬山

## 目的：

练习身体的力量，增强对前庭神经的刺激。

## 准备：

枕头和被子。

## 方法：

1.家长平躺在床上或用叠好的被子做“山坡”，让宝宝从你的肚子上或被子上爬过去。

2.家长用自己的身体做成一个拱形的“山洞”，让宝宝从一侧穿过“山洞”爬出。

# 搭雪橇

## 目的：

让宝宝和爸爸一起玩儿，促进父子感情。训练身体的运动能力。

## 准备：

软垫。

## 方法：

1. 让宝宝坐在软垫上，爸爸从宝宝的背后往前推。

2. 边推边绕着房间来回转圈。

3. 宝宝会因为不想跌倒而保持重心。

4. 可以培养宝宝的平衡感，并锻炼宝宝胳膊、腰部的肌肉。

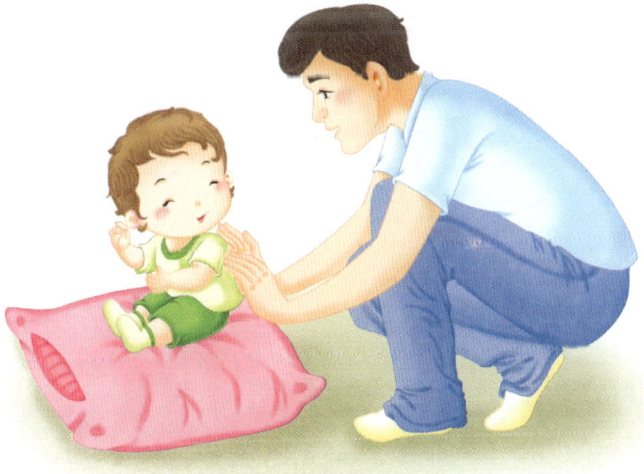

# 抓住摇晃的球

**目的：**

练习身体的力量和协调性。

**准备：**

球或气球，线。

**方法：**

1.将球或气球绑在绳子上左右摇晃。

2.宝宝为了抓住球会伸出手来。在宝宝可以抓到球的距离里，让球晃动。

3.让球渐渐地荡到较远的地方，而宝宝想要抓到球，就要移动自己的身体。

4.如果宝宝抓到了球，就请成人跟他玩“拔河”游戏——互相拉扯球，并且故意输给宝宝，然后说“我们的宝宝力气好大啊”来鼓励宝宝。

# 空中接物

**目的：**

练习身体的力量和协调性。

**准备：**

丝巾、手绢等能从空中缓缓落下的东西。

**方法：**

1. 与宝宝一起坐在地板上，把手绢扔到空中，当它落下时，伸起手去抓它。
2. 再扔出去，让孩子来抓。或者让他张开双臂，使手绢落在他怀里。
3. 试着让宝宝把东西扔出去，尽量引导宝宝向空中抛。

## 小贴士

- 用其他物品玩同样的游戏。不过气球最好别用，因为宝宝太小，气球很容易破，易造成危险。

# 学小鸟飞

**目的：**

练习动作的灵活性。

**方法：**

1. 与宝宝坐在一起，朝同一个方向坐着或面对面坐着。

2. 家长将宝宝的手臂展开，并上下舞动，学小鸟飞翔的样子，并在同时学小鸟的啼叫声，让宝宝感觉像小鸟一样在飞翔。

## 小贴士

- 带宝宝去户外，引导宝宝观察小鸟。家长可以模仿小鸟叫，加强宝宝对小鸟的认知。

# 10～12个月运动能力早教游戏

## 第一次站起来

### 目的：

尝试站立。

### 准备：

垫子。

### 方法：

1.在地上铺好柔软的垫子。

2.家长扶着宝宝的腋下，帮助宝宝站起来。

3.保持上面的动作，让宝宝慢慢地往前走。

4.家长如果将手慢慢放开的话，宝宝马上就会跌坐在地上。

5.重复这个过程几次之后，宝宝会觉得很累，所以请让宝宝充分地休息。

6.宝宝如果自己站起来的话，请全家人给予欢呼，增加宝宝的勇气。

## 练习独站

### 目的：

发展平衡能力，训练下肢肌肉的力量。

### 方法：

1.家长帮助宝宝靠墙站，脚跟距墙边5厘米。

2.家长逗引宝宝拿玩具玩，分散紧张情绪。

## 扶物行走

### 目的：

学习走路。

### 方法：

1.家长扶宝宝学走路时，先用双手扶，然后单手领着走。

2.以后家长与宝宝可用小棍子各握一头，待宝宝走得较稳时，家长轻轻放手，宝宝以为有人领着棍子，放心地走，渐渐过渡到独自走稳。

# 越障碍物爬

**目的：**

熟练地爬，提高爬行的能力，激发探索的欲望。

**准备：**

一个比较浅的大盆，小球或玩具车。

**方法：**

1.“越盆地”：把一个比较浅的大盆放在床上或垫子上，让宝宝练习爬进爬出。

2.“跟踪追击”：拉动宝宝喜欢的小球或玩具车，让他跟着爬。

# 扶栏杆跳

**目的：**

训练身体动作的灵活性，提高自控力。

**方法：**

成人指导宝宝双手握紧床栏杆，抱着宝宝身体向上跳。

# 麻布擦身

## 目的：

加强对皮肤的刺激，对本体感的强化有直接的帮助。

## 准备：

干麻布。

## 方法：

1.用干麻布以中度力量刷孩子的手臂、足部、胸部和背部。

2.可以边做边讲故事或听音乐，让孩子不至于太紧张，并维持轻松快乐的气氛。

## 小贴士

- 对反应敏感的孩子不要太用力，让他慢慢适应。对反应迟钝的孩子则可以用力些，以激发神经的触觉感受。

# 冰冰凉

## 目的：

强化孩子对温度的触觉反应，加强触觉敏感，促进身体协调。

## 准备：

冰袋。

## 方法：

用冰袋接触孩子的手臂，也可以换成温水或冷水，试试他的反应。

## 小贴士

- 孩子有时由于冰袋刺激太强，不愿别人碰他，宁可自己来做，这时不妨让他自己先试试看。
- 也可以用小石头或细砂袋，或各种软硬不同的东西做接触游戏，让孩子练习在承受触碰时的正常适应能力。

# 梳头

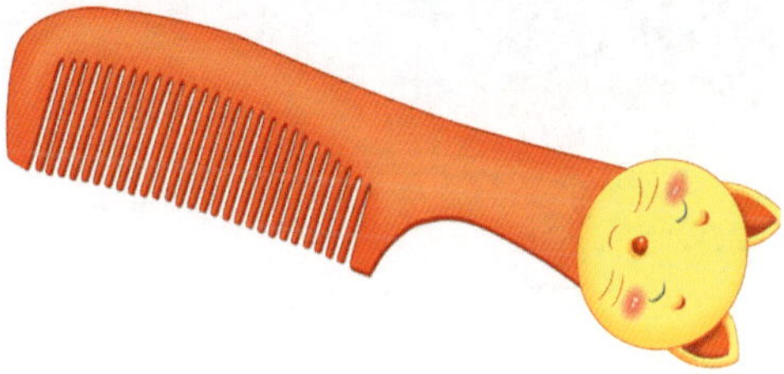

## 目的：

增进亲子间互动，对人际关系的强化也有帮助。

## 准备：

梳子。

## 方法：

用梳子刺激孩子的头皮，并且给孩子梳头。同时，观察孩子特别敏感的部位。

## 小贴士

- 尝试用羽毛、毛巾等代替梳子，强化孩子的触觉。
- 注意梳子齿的尖端不能太尖。
- 对触觉防御过当的孩子，具有觉醒的调节功能，可以协助其抑制触觉上过多的信息。

# 玩泥土

## 目的：

对触觉过于敏感或迟钝的孩子的情绪安定会有很大帮助。

## 准备：

泥土或沙土，大盆或大塑胶布。

## 方法：

1. 将泥土或沙土放置在大盆或大塑胶布上，使孩子全身各部分能接触泥土或沙土，特别是手。

2. 注意观察孩子对各种材料接触上的排斥或接受情况。如果孩子还可以接受，不妨增加泥土或沙土的数量，使接触面更广。

## 小贴士

- 可以利用户外游戏，让孩子在沙地、草地上做游戏。触觉感是感觉中非常重要的一项，对孩子本体感的发展有很大的帮助。
- 可以改用其他接触物，如纸、树叶、米、豆等，强化孩子的触觉识别力。

# 吹风机

## 目的：

分别用热风和凉风，给孩子完全不同的刺激。不但有觉醒前庭处理触觉信息的作用，对本体感的塑造也特别有帮助。

## 准备：

吹风机。

## 方法：

1. 先告诉孩子身体各部位的名称，再用凉风吹这些部位，给孩子讲讲各部位的感觉。

2. 然后换成热风，但注意不可以灼痛孩子，给孩子讲讲各部位的感受。

## 小贴士

- 敏感的孩子通常在脸部和颈部会有强烈的反应，不要勉强吹这些部位。可以边做边听音乐，缓解他的紧张。
- 热风、凉风可以随时切换，并观察孩子的感觉，也可以在皮肤上加上一张薄纸，以减轻风的强度。
- 吹风机不可交给孩子操作。

# 玩海绵

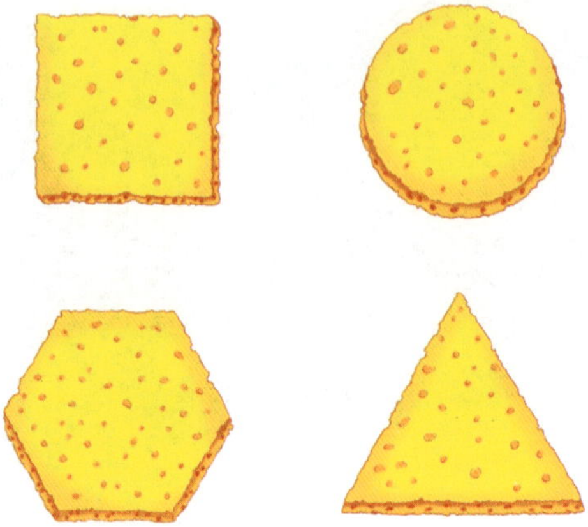

## 目的：

培养对简单几何形状的认识，了解海绵的吸水特性，训练孩子的触觉。

## 准备：

海绵剪成的各种几何形状、各种小动物，大水盆1个，厚纸板1张。

## 方法：

1.把剪好的海绵放在大水盆里，让孩子自由地玩儿。

2.家长和孩子一起用厚纸板自制一个心形靶子，并把它挂在墙上，和孩子一起站在一定距离外，用湿的海绵和挤干水的海绵投掷，比一比谁投中的次数多，并让孩子说说湿海绵与干海绵投掷有什么不同。

# 滑斜坡

## 目的：

锻炼下肢肌肉，发展身体的控制能力和平衡能力。

## 方法：

1. 利用户外的自然斜坡。游戏开始时家长用一只手扶着宝宝走上斜坡。

2. 将宝宝放在折叠的被子上，家长用手扶着他滑下来。

# 骑“马”游戏

**目的：**

提高身体的控制能力和平衡能力。

**方法：**

1. 爸爸趴着，让宝宝骑在身上。

2. 游戏刚开始时，爸爸上下轻轻摇动，让宝宝学习如何保持身体平衡而不跌下来。

3. 等宝宝慢慢适应了以后，爸爸就可以慢慢抬高身体往前爬行了。

4. 游戏熟练后，可以问宝宝：“大马到哪里去？”然后一边爬行一边说：“大马要到那里去了！”

## 跷跷板

**目的：**

提高身体的控制能力和平衡能力。

**方法：**

1. 爸爸躺下，宝宝坐在爸爸的肚子上。当爸爸撑起上半身时，宝宝就会呈现往后躺的动作。

2. 爸爸唱歌，制造愉快的气氛。

3. 宝宝和爸爸的脸碰触时，可互相摩擦脸颊。

4. 爸爸和宝宝对视，愉快地边玩边笑。

# 吹出来的气

## 目的：

增强宝宝的呼吸能力。

## 准备：

纸。

## 方法：

1. 在桌角放1张纸，使纸的一部分露出桌外。
2. 妈妈先吹气，让纸飘起来。
3. 让宝宝试试看。

## 小贴士

- 这个游戏能增加宝宝的肺活量。

# 钻洞

**目的：**

锻炼孩子的胆量，并满足其肢体动作发展的需要。

**准备：**

废旧的长方形空纸箱2个～3个（如电视、冰箱等的盒子）。

**方法：**

1.将纸箱两头打开，一个个接好，引导孩子从一个洞口爬到另一个洞口。

2.将纸箱一个与另一个错开摆放，引导孩子从一个洞口爬到另一个洞口。

# 彩虹伞

## 目的：

1. 发展宝宝钻、爬动作的灵活性。

2. 引导宝宝体验亲子游戏的快乐。

## 准备：

彩虹伞1把。

## 方法：

1. 家长先带领宝宝唱儿歌。

儿歌

彩虹伞，转转转，
躲在伞下看不见，
彩虹伞，转转转，
爬到上面看得见。

2. 家长撑起伞，先将彩虹伞转动起来，宝宝在家长的引导下钻到彩虹伞下面，再将彩虹伞转动起来。

3. 游戏可反复多次进行，家长可变换语气调动宝宝的兴趣。

# 摘香蕉

## 目的：

发展宝宝爬上爬下的动作，训练动作的协调能力及胆量。

## 准备：

香蕉，绳子，垫子。

## 方法：

1.家长在房间内拉一条绳子，在绳子上挂香蕉，吸引宝宝去摘取。

2.宝宝摘不到时，家长可提示宝宝爬到垫子上去摘。如果宝宝害怕，家长可适当扶一下，宝宝抓到香蕉时，家长可以帮宝宝把香蕉从绳子上取下。

3.宝宝摘到香蕉后，可引导宝宝和家长一起吃。

## 小贴士

- 家长用宝宝喜欢的物品（如玩具）替换香蕉，把它拿在手中，让宝宝去够取。

# 捉蝴蝶

**目的：**

1.训练视觉追逐能力。

2.练习蹲下、站起动作。

**准备：**

彩色纸蝴蝶。

**方法：**

1.家长拿着纸蝴蝶逗引宝宝，让宝宝的视线追逐蝴蝶的落点。

2.家长扶宝宝追着蝴蝶走动，当蝴蝶落地时让宝宝蹲下捉住它。

3.为提升宝宝的游戏兴趣，家长可以让宝宝拿着蝴蝶，另一位家长追逐孩子。

# 推小车

**目的：**

训练宝宝独立行走。

**准备：**

小推车，毛绒玩具，动物卡片。

**方法：**

1.宝宝坐在家长身边，家长说：“宝宝，我们一起把小动物送回家吧。”

2.宝宝可任选一个小动物，把它放在小推车里，推着小车送小动物回家。

3.家长站在动物卡片后面，如果宝宝找到了毛绒动物对应的卡片，家长可模仿动物的叫声以示鼓励，游戏可反复进行。

# 弯腰取物

## 目的：

训练弯腰取物的能力，发展小肌肉运动。

## 准备：

若干玩具。

## 方法：

1.成人扶宝宝站好，在宝宝脚下放一件玩具。

2.成人握住宝宝一只手，逗引宝宝弯腰拿取。

# 大脚和小脚

**目的：**

教宝宝体会走步的感觉。

**方法：**

1.家长与宝宝面对面站好，双手拉着宝宝的手站在家长的脚面上。

2.家长边说儿歌边带着宝宝向前走。

儿歌

一二一，走呀走。
妈妈宝宝手拉手。
小脚踩在大脚上，
迈开大步向前走，

第四章

# 艺术能力早教游戏

古今中外诸多的教育家都非常重视儿童的艺术教育。我国古代把“六艺”（礼、乐、射、御、书、数）定为教育的重要内容。近代教育家蔡元培提出的教育方针是以国民教育、道德教育、世界观与美育为教育的总内容。艺术教育——美育，是儿童教育不可或缺的重要组成部分，对儿童的全面发展有着特殊的作用。艺术教育的宗旨，就是提高儿童对美的感受、欣赏能力，以及对美的创造能力。

儿童的思维具体、形象，情感占优势，认识事物的过程带有很大的情绪性。他们对色彩、形象、音乐及生动的语言都有很大的敏感性，具有艺术教育的良好基础。

艺术教育以美感人，以情动人，以生动具体的美的形象吸引儿童的注意和兴趣，唤起儿童内在的审美兴趣和形象思维，促进儿童的情感在潜移默化中受到陶冶，并能在感受美的活动中得到教育。

苏霍姆林斯基说：“对美的欣赏可以使人变得高尚，能唤起人善良的情感，如同情心、忠诚、温柔、关爱。”艺术教育对儿童有巨大的吸引力和感染力。0~6岁是艺术才能的萌芽阶段和开始发展的时期，这时期的艺术教育，也将为一个人以后艺术才能的发展奠定良好的基础。

# 0～3个月艺术能力早教游戏

## 欣赏音乐

**目的：**

感受音乐，培养快乐的情绪。

**准备：**

节奏舒缓、曲调优美的音乐，如《梁祝》《春江花月夜》等。

**方法：**

成人让宝宝仰卧在床上，双手握住宝宝的小手，静静地倾听。

**小贴士**

- 音量不可过强，以免破坏宝宝的听力。
- 每天坚持练习3次～4次，每次5分钟左右。

# 配乐朗诵

**目的：**

感知语言，培养亲子感情，培养快乐的情绪。

**准备：**

4/4节拍、优美、舒缓的乐曲。

**方法：**

成人将宝宝搂抱在胸前，伴随音乐朗诵。

**小贴士**

- 注意音量不要太大。
- 语调抑扬顿挫，吐字清楚。
- 时间5分钟以内（视宝宝情绪而定）。

# 欣赏进行曲

## 目的：

感知鲜明的节奏，培养快乐的情绪。

## 准备：

2/4拍节奏欢快的进行曲。

## 方法：

1.播放音乐，成人随着音乐节拍轻轻拍宝宝，还可以边拍边随着轻唱。

2.成人抱着宝宝随着音乐节奏踏步走。

# 欣赏摇篮曲

**目的：**

培养对音乐最初的感受力。

**准备：**

摇篮曲。

**方法：**

1.播放音乐，抱着宝宝或者让他仰卧。

2.成人动作缓慢、有节奏地拍打宝宝的身体，使宝宝舒适安稳。

3.成人双手握住宝宝的两只小手，边哼唱歌曲，边有节奏地轻轻抖动。

**小贴士**

- 活动可用在宝宝睡觉前，也可做专项训练。
- 音量不可过强。
- 坚持每天听音乐2次～3次，每次5分钟，然后逐渐延长（视宝宝情绪来定）。
- 环境应避免干扰，保持安静。

# 欣赏闪卡

**目的：**

视觉训练。

**准备：**

几张黑白闪卡。

**方法：**

让宝宝在床上仰卧，成人把闪卡一张一张拿给宝宝看，距眼睛20厘米。边出示画边说画的名称。

## 小贴士

- 注意排除干扰，保持环境安静。
- 每次训练5分钟左右。
- 成人语言简洁，不可啰唆。

# 水果画

**目的：**

1.认识常见的水果。

2.感知3种颜色：红、黄、绿。

**准备：**

苹果、香蕉、西瓜的图片。

**方法：**

把宝宝抱在怀里，把每张图片拿给宝宝看，同时说出名称和颜色，如红色的苹果、黄色的香蕉、绿色的西瓜。

**小贴士**

- 坚持每天2次，每次5分钟。
- 内容可以递增，卡片的颜色鲜艳。

# 亲子舞

**目的：**

发展肢体运动，感受音乐。

**准备：**

节奏欢快的音乐。

**方法：**

成人抱着宝宝随音乐摇摆身体或踏脚迈步。

# 仰面舞

## 目的：

发展肢体运动，感受音乐。

## 准备：

舒缓或欢快的乐曲。

## 方法：

宝宝仰卧，成人面对宝宝，双手握着宝宝的小手臂或小腿，随音乐的快慢节奏摆动小手臂和小腿。

### 小贴士

- 宝宝刚吃完奶不要做，避免吐奶。
- 成人的动作注意轻柔。

# 贴面舞

## 目的：

感受亲情，促进快乐的情绪。

## 准备：

舒缓或欢快的乐曲。

## 方法：

播放音乐，成人抱紧孩子，脸贴脸随着音乐的旋律轻步摆动。

## 小贴士

- 活动中注意不要有干扰，成人的情绪饱满。

# 4～6个月艺术能力早教游戏

## 音乐欣赏

**目的：**

陶冶情趣，促进右脑发育。

**准备：**

优美、舒缓、明快的中外古典音乐和节奏鲜明的儿童歌曲。

**方法：**

1.成人让宝宝仰卧或抱坐，每天固定时间播放一曲，每次5～10分钟。

2.放音乐时，先将音量调到最小，再逐渐增大音量（比成人平时讲话的声音稍大些为宜）。

**小贴士**

- 倾听音乐时，成人注意排除其他干扰。
- 音量不可过大，以防损害宝宝的听觉。

# 小乐队

## 目的：

培养节奏感，培养对音乐的兴趣。

## 准备：

1.家里用的小勺、筷子、小铁盘等。

2.小铃鼓、小手铃。

3.2/4节拍的儿童歌曲。

## 方法：

播放音乐，成人坐好，把宝宝抱坐在胸前，双手握着小乐器（也可用小餐具），随着音乐节奏敲打。

## 小贴士

- 成人精神饱满、情绪快乐。
- 音量不要太大。

# 骑大马

## 目的：

感知音乐节奏，培养快乐的情绪。

## 准备：

儿童歌曲《大马大马快快跑》。

## 方法：

1. 播放歌曲，成人抱着宝宝边唱歌边高抬脚踏步走。

2. 成人将宝宝抱坐在腿上，随着音乐节奏边唱边抖双腿。

### 小贴士

- 注意场地安全，以免磕碰。

# 拍水画

**目的：**

培养对水的兴趣。

**准备：**

桌上放一平盘清水。

**方法：**

1.成人抱着宝宝坐在桌前，去示范用一只手轻轻拍水。然后，握着宝宝的手轻轻拍打水，再把洒到桌上的水划开，成人边画边说这是小鸟、小花。

2.成人抱着宝宝坐在桌前，将少量水洒到桌子上，成人与宝宝一起随意用五指抓划水印，一边说这是大老虎、下大雨。

## 小贴士

- 注意衣服防湿。

# 玩颜色

## 目的：

培养对色彩的兴趣，训练手的灵活。

## 准备：

把红、黄、蓝、绿的安全颜料分别放在4个小盘里，1盆清水、1块洗手皂、1条毛巾、1张宣纸。

## 方法：

把所有物品放到桌上，成人抱着宝宝坐在桌前，一起用手抓起色彩随意抹到宣纸上，如此反复几次，最后将手洗干净。

### 小贴士

- 注意选择无毒无害的颜料。
- 活动前给宝宝卷好袖口，带上小围裙。
- 活动中鼓励宝宝随意做，成人不要有过多限制。

# 手指点画

## 目的：

训练手眼协调，激发绘画的兴趣，练习手指灵活度。

## 准备：

彩色水笔、白纸1张、湿毛巾1块。

## 方法：

1.将用品摆放在桌上，成人抱着宝宝，握着宝宝的手拿彩色水笔在纸上画点（画的点要分散）。

2.成人在点上创意作画（太阳、盘子、芝麻饼干等）。

### 小贴士

- 注意要画大点。

# 手绢舞

## 目的：

培养快乐的情绪，促进肢体运动，感知音乐与动作的关系。

## 准备：

颜色鲜艳的手绢或皱纹纸条、节奏欢快的儿童歌曲。

## 方法：

1. 播放音乐，成人随音乐挥舞纸条或手绢，边舞边唱。

2. 成人将宝宝抱坐在胸前，握着宝宝双手拿好彩条或手绢，有节奏地舞动。

3. 成人抱着宝宝单手舞动，边走边唱，不停变换身体的方向。

## 小贴士

- 活动前注意保持宝宝的情绪快乐。
- 乐曲可选择优美、舒缓和欢快2种。
- 成人注意保持精神饱满、表情愉悦。

# 双人舞（扶跳）

## 目的：

感受快乐，训练下肢的灵活、培养舞蹈的兴趣。

## 准备：

欢快的儿童歌曲。

## 方法：

1.播放音乐，成人随着音乐节奏双手托举宝宝在床面跳跃。

2.成人托举宝宝到稍高的位置，做扶跳动作。

## 小贴士

- 活动时间根据成人和宝宝的体力随时调整。

# 铃鼓舞

**目的：**

培养对舞蹈的兴趣。

**准备：**

大、小铃鼓各一个。

**方法：**

1.成人手摇铃鼓示范，单、双手转动铃鼓、拍打铃鼓。

2.握宝宝的手拍打小铃鼓。

3.成人握着宝宝的手摇动铃鼓，做单手上摇、胸前拍打、身体右侧摇的动作。

## 小贴士

▸活动中成人的动作注意轻柔。

# 7～9个月艺术能力早教游戏

## 小小音乐指挥家

### 目的：

激发对乐曲的兴趣。

### 准备：

2/4节拍的音乐、用画报纸卷一个纸棒。

### 方法：

1.播放音乐，成人握住宝宝的前臂随着音乐节奏快慢、强弱打拍子。音乐停，指挥动作就停。

2.成人握住宝宝的双手，拿好纸棒随音乐节奏打拍子。

### 小贴士

- 成人的动作注意轻柔，不要用力过猛。

# 小手铃，响叮当

## 目的：

感知音乐的节奏。

## 准备：

小手铃2个。

## 方法：

1.成人将宝宝抱坐在胸前，播放音乐，成人握着宝宝的双手拿好手铃随音乐打节奏。

2.小手铃碰小手铃(一拍碰一下)。

3.双铃打双腿（一拍碰一下）。

4.双铃在胸前上下打节奏（一拍碰一下）。

## 小贴士

- 活动时间根据宝宝的情绪来定。

# 小小唱歌家

## 目的：

1.培养快乐的情绪。

2.培养唱歌的兴趣。

3.促进宝宝主动发音。

## 准备：

欢快的音乐、带把手的儿童水杯。

## 方法：

播放音乐，成人将宝宝抱坐在靠背椅子上，指导宝宝拿起水杯，当成麦克风唱歌。

## 小贴士

- 不强求宝宝必须跟着唱，慢慢引导。宝宝多次熟悉后会发声的。

# 棉签画

## 目的：

1. 练习用二指捏，训练手眼协调。

2. 练习用棉签画点儿。

3. 培养绘画的兴趣。

## 准备：

几根棉签，小盘中放入红色、绿色的彩色水，白纸。

## 方法：

1. 成人示范用棉签蘸彩色水在纸上画点儿。

2. 成人握着宝宝的手，拿着棉签蘸水画点儿。

3. 引导宝宝随意自由地画。

## 小贴士

- 成人注意多加赞扬，不要限制过多。
- 活动前注意给宝宝穿好围裙和套袖。
- 活动后立即给宝宝洗净双手。

# 涂鸦

**目的：**

1.培养绘画的兴趣。

2.增强手的灵活性。

**准备：**

白纸、蜡笔。

**方法：**

让宝宝坐在桌前，桌上放1张白纸和1支彩色蜡笔，鼓励宝宝在纸上随意画。在画的过程中，宝宝常常会高兴。

## 小贴士

- 成人要经常鼓励宝宝“作画”。

# 摆手舞

## 目的：

1. 感知音乐的节奏。

2. 启发宝宝感觉音乐与动作的关系。

## 准备：

儿童歌曲《洋娃娃和小熊跳舞》，手偶、小熊娃娃各一个。

## 方法：

1. 播放歌曲，成人手持手偶示范，随歌曲边唱边挥手臂。

2. 成人双手握住宝宝的手臂，随音乐节奏摆动。

3. 成人带动宝宝各持一个手偶，边唱歌边摆动手臂。

## 小贴士

- 排除干扰，保持兴趣。
- 日常活动中，也可以采用其他毛绒动物玩具。

# 脚铃舞

## 目的：

1.训练下肢灵活，发展身体的平衡。

2.引导宝宝熟悉2/4节奏。

3.发展宝宝的表演兴趣。

## 准备：

松紧带拴1个小铃铛，做2个脚铃，节奏鲜明的音乐。

## 方法：

1.把脚铃系在宝宝和成人的脚踝上。

2.播放音乐，成人随音乐节奏拍手踏脚，使脚铃响起来。

3.逗引宝宝随音乐踏脚。

## 小贴士

- 在不同的时间反复练习，不要求节奏准确。
- 注意不要强迫宝宝长时间练习。

# 10～12个月艺术能力早教游戏

## 欣赏歌曲《会唱歌的小黄鹂》

**目的：**

1. 培养对音乐的兴趣。

2. 感知歌曲的快乐。

**准备：**

歌曲《会唱歌的小黄鹂》。

**方法：**

播放歌曲，成人把宝宝抱在怀里或安排坐好，握着宝宝的双手随音乐节奏拍手唱歌。引导宝宝同时也能大声发音。

**小贴士**

- 注意引导宝宝大声发出声音。

# 小喇叭

## 目的：

1.练习吹气、吸气。

2.培养对小乐器的兴趣。

## 准备：

1.节奏鲜明、欢快的音乐或歌曲，如进行曲。

2.儿童玩具小喇叭、小哨子。

## 方法：

1.播放歌曲，成人示范随着音乐节拍吹小喇叭和小哨子（每拍吹一下）。

2.指导宝宝吹小喇叭或小哨子。

3.成人与宝宝一起合奏歌曲。

## 小贴士

- 注意玩具要清洗干净。
- 保持高兴的情绪。

## 《幸福拍手歌》

### 目的：

1. 感知节奏感强的音乐。

2. 活动宝宝的身体。

3. 促进宝宝对歌曲的兴趣。

### 准备：

简单的小打击乐器、歌曲《幸福拍手歌》。

### 方法：

1. 给宝宝发放小打击乐器，播放歌曲。

2. 随着音乐节奏，帮助宝宝摇响乐器，宝宝对音乐的节奏还不能分辨，这时成人要扶着宝宝的手肘，让宝宝熟悉节奏，游戏时中可以换乐器，继续进行。

3. 成人引导宝宝随着歌词边唱边拍手、踏脚、拍肩。

### 小贴士

- 活动中避免环境的干扰。

# 水墨画《小河流水》

**目的：**

激发宝宝对绘画的兴趣。

**准备：**

少量墨水、旧报纸、毛笔。

**方法：**

将报纸、墨水放在桌上。把宝宝安排坐在桌前，同时引导宝宝用毛笔一起在报纸上往返画横线，边画边说“小河流水哗哗响”。

**小贴士**

- 活动前，注意给宝宝穿好清洁衣。
- 活动中不要有过多限制，以免宝宝失去绘画的兴趣。

# 简笔画《小蝌蚪的尾巴》

## 目的：

培养绘画的兴趣。

## 准备：

黑色水笔、A4白纸、胶水、大西瓜子。

## 方法：

1.成人安排宝宝坐在桌前。

2.成人把西瓜子蘸上胶水，分散粘在纸上。

3.帮助宝宝用笔在瓜子旁边画道道（尾巴）。

### 小贴士

- 成人要保持耐心。
- 鼓励宝宝动手画，不强求对错。

# 毛线团

## 目的：

1.练习画弧线。

2.学习认识四种颜色：红、黄、蓝、绿。

## 准备：

油画棒、挂历纸。

## 方法：

安排宝宝坐在桌前，成人引导宝宝拿着油画棒在挂历纸上画“线团”，用哪种颜色的笔说是哪种颜色的球。

要求：

1.笔不离开纸面画弧线。

2.笔道要紧密。

## 小贴士

- 鼓励宝宝开心地随意画，不要过多限制。

# 手腕花

## 目的：

1.引导宝宝练习手腕转动。

2.启发表演的兴趣。

## 准备：

音乐《采茶舞曲》、小纱巾。

## 方法：

1.播放歌曲，宝宝坐着或靠站在儿童小床里。

2.成人引导宝宝随音乐节奏双手转手腕，分别向上方、两臂侧平举、两臂向前举。

3.成人分别给自己和宝宝的头上系上纱巾，增加乐趣继续游戏。

## 小贴士

- 注意充分调动宝宝表演的快乐情绪。

# 找朋友

## 目的：

1.培养宝宝懂得礼貌。

2.训练宝宝学习握手、再见、敬礼。

3.学习理解语言，根据歌词做动作。

## 准备：

歌曲《找朋友》。

## 方法：

宝宝坐好，成人示范说歌词做动作。

找找找，找朋友，（拍手6下）

找到一个好朋友。（拍手6下）

敬个礼，握握手。（右手行礼，双手握宝宝的手）

你是我的好朋友。再见！（拍手7下，对宝宝招手再见）

播放歌曲，引导宝宝出声合唱《找朋友》，边唱边表演动作。

## 小贴士

- 注意激发宝宝一起互动。

# 水墨画星星

## 目的：

培养美术的兴趣。

## 准备：

毛笔，宣纸，墨水，湿纸巾。

## 方法：

1.将纸铺在桌上，成人示范在纸上画小点，说“这是星星”。

2.将笔拿给宝宝，大人握住宝宝的手同他一起画星星。

3.让宝宝自己作画。当宝宝在纸上画点时，成人马上说“这是星星”，当宝宝画出道道时说“这是面条”。让宝宝高兴地画画。

## 小贴士

- 成人注意卫生，做好及时清理。
- 注意鼓励宝宝的活动兴趣。
- 活动时间可根据宝宝的情绪而定。